SUDOKU
MANIA
BOOK 1

D1296225

Acknowledgments

Thanks to: our Glorious Leader, Mitchell "Buddha" Symons; our Humble Worker, David "Grasshopper" Thomas; Rob "Shogun" White, of LANtech Solutions for his mastery of puzzles; to Penny "Fragrant Blossom" Symons and Clare "Precious Jade" Thomas for their love and support; and to Angela "Unending Yen" Herlihy of the Simon & Schuster Co-Prosperity Sphere for making this book possible.

And finally, our eternal gratitude to Walter Mackie, the man who invented "Number Place," the puzzle that became Sudoku, without whom we would have no Institute at all.

THE SUDOKU INSTITUTE

SUDOKU MANIA

BOOK 1

NEW YORK LONDON TORONTO SYDNEY

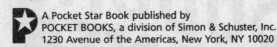

A Pocket Star Book published by
POCKET BOOKS, a division of Simon & Schuster, Inc.
1230 Avenue of the Americas, New York, NY 10020

Copyright © 2005 by Mitchell Symons and David Thomas

Originally published in Great Britain in 2005 by Pocket Books, an imprint of Simon & Schuster UK Ltd as *Sudoku Puzzle Book*

Published by arrangement with Simon & Schuster UK Ltd

ISBN-13: 978-1-4165-2860-9
ISBN-10:   1-4165-2860-1

This Pocket Star Books paperback edition April 2006

10 9 8

POCKET STAR BOOKS and colophon are registered trademarks of Simon & Schuster, Inc.

Manufactured in the United States of America

For information regarding special discounts for bulk purchases, please contact Simon & Schuster Special Sales at 1-800-456-6798 or business@simonandschuster.com.

CONTENTS

Introduction: The Spirit of Sudoku

SOLUTIONS

THE SPIRIT OF SUDOKU

The legendary Institute of Sudoku is based in the ancient Japanese city of Sudosaki. For countless millennia (well, since 1984 when it was first named), students of the world's most popular numerical puzzle-game have come to labor under grandmasters of the art.

Initiates are rationed to one bowl of rice, two pickled gherkins and 723 Sudoku puzzles a day. But there is more to the Sudoku Institute than simply filling in number-boxes, non-stop for a minimum of seven years. We believe that there is a philosophy of Sudoku that can be expressed through the medium of completely genuine Japanese proverbs.

One such useful proverb can be found in the Sudoku Institute motto: "Baka mo ichi-gei," which translates into English as "even a fool has one talent." It may be that your one, hitherto-undiscovered talent is an ability to solve Sudoku puzzles.

We believe that, as the Japanese say, "darkness reigns at the foot of the lighthouse." You may be in the dark now. But as you climb the steps of Sudoku, you will rise to a dazzling brilliance.

Have no fear. "A journey of a thousand miles starts with a single step." The gulf between the childish simplicity of our white puzzles and the fiendish complexity of the near-unsolvable Black Belt Challenge is so wide as to appear insurmountable. But as you progress through the different levels, you will find yourself becoming, day by day, more adept.

So let us start by preparing ourselves for the task that lies ahead. Remember, "Without oars, you cannot cross in a boat." Obviously, you will not need oars here but a supply of good, sharp pencils and an eraser. For as the teachers of Nippon tell their pupils, "if you make a mistake, don't hesitate to correct it."

That is why you should never attempt to complete Sudoku puzzles in ball-point or felt-tipped pen—or, at least, not until you are sufficiently proficient to show off without fear of making a mess of your puzzle and a fool of yourself.

But perhaps you will ignore this. The Japanese speak of information that "goes in the right ear and out the left."

Finally, some encouragement. All you really need to do is "Monowa tameshi"—give it a try.

Good luck!

WHITE BELT PUZZLES

First things first

Assuming this is your first-ever Sudoku puzzle, let us begin with the rules. Actually, there is only one rule in Sudoku: fill in the puzzle-grid so that each horizontal row, each vertical column and each 2 × 3 box contains all the digits from 1 to 6, with no duplicates.

It is as simple as that. And yet, as you will discover by the end of this book, as fiendishly complicated.

So let us start you on your way with a basic, but useful game-playing technique: cross-hatching.

Look at the puzzle-grid. See which individual number from 1 to 6 is given to you in the greatest numbers. Taking each example of this number draw a line (either imaginary, or in very faint pencil) both vertically and horizontally across the puzzle.

The squares covered by your lines cannot possibly contain any further examples of your chosen number, since they are "covered" by the numbers already given.

Now, look in each box in the puzzle, or along each row and column. You will almost certainly find that there will be at least one box, row or column in which (a) your chosen number does not yet appear, and (b) only one empty square is not covered by the cross-hatched lines.

This is the only place where your number can go.

Once you have filled in the number, add two more hatchings: vertical and horizontal. This process may produce at least one more "inevitable" position.

Repeat the process for other numbers in the puzzle. You are on your way!

	1		4	3	
3	6				4
5			3	2	
	2	5			3
1				4	2
	3	4		5	

		2	4		
6		3	5	1	4
				3	2
4	3				
1	5	6	2		3
		4	3		

4	1		6		2
5	3				6
	6			4	
	4			3	
1				6	4
3		6		2	1

4

			4	2	5
				6	4
5	4	6		3	
	3		6	1	2
6	5				
1	2	4			

5		3			1
4			1	2	
1		2			3
6			2		4
	1	4			5
3			5		2

1	2		5		6
4		1			5
			4		3
5		6			
2			3		1
3		5		6	2

2		2	1		1
	4	2	1		
1		6		2	4
3	2		6		5
		5	4	3	
4					6

5	2		3	4	
4					3
6	3	2			1
3		6		1	4
2					5
	4	3		6	2

5	3		1		
2	6				1
	1			5	6
1	5			6	
3				1	5
		1		4	3

				6	1
6	4		1		5
1	5	3			
			3	4	6
3		6		5	2
4	6				

YELLOW BELT PUZZLES

Beginning is easy; continuing is hard

In every pastime, there is a moment when simple play is over and the activity begins in earnest. A child rides a bicycle without training wheels, or swims without water wings. A Sudoku player moves from the simplicity of a six-number grid to the maturity of nine numbers in every box, row or column.

By now, you should be starting to cross-hatch without the need for any actual lines on the grid. Your first look at a new puzzle will therefore consist of a quick search for those grid-squares that can be filled in automatically, purely on the basis of the numbers already provided.

One filled grid-square will quickly lead to another. Several, perhaps all the examples of a particular number, will be filled within moments of starting the puzzle, in an increasingly inevitable, inexorable sequence.

In other cases, there will be two, or even three possible places where a number might go. You may find it helpful to "bookmark" these places by writing the number, very small, in one corner of the box. As you do this, the various possible options from which you will have to find accurate solutions, will become clearer.

As one puzzle after another is solved, you are filled with a pleasing feeling of satisfaction. But beware! Your task has only just begun. . . .

2				5	8		3	9
	3		9	4		2	1	
	1		2		3	6	5	8
3	7				9	5	4	2
8		5	7		2	1		3
1	2	9	5				8	6
4	5	3	6		7		2	
	9	1		2	5		6	
6	8		4	9				5

YELLOW BELT

8	4	6	2			9	1	7
5			7	6			8	4
	1	3	8	9			5	
2			6		8		9	3
1	3		9		2		6	8
6	9		3		5			2
	6			3	7	8	2	
9	7			8	6			1
3	8	1			9	6	7	5

6			9	2		8	4	
	2			5	1	9	6	
	4	9	3	6		2		
	9	3	2	8		7	1	6
1	8		7		4		3	2
2	7	5		1	3	4	8	
		4		3	2	1	5	
	1	7	5	4			2	
	5	2		7	6			4

	6	8	7		2		9	
7		5	9	1			2	4
9		1	3	4				6
	5		1	2		6	3	7
3	9	7				2	1	8
6	1	2		3	7		4	
1				9	4	5		2
2	8			7	3	4		1
	4		2		1	3	7	

3	9		2	4	7	8		
	2	1		6			3	7
		7		3	1	4	2	
1	7	4		5		2		3
6	8		4		2		5	9
9		2		7		1	4	8
	1	8	3	9		6		
7	3			8		5	9	
		9	7	2	6		8	1

1	9	5	8					2
	8		7		2	5	9	
3	7			9		1		8
2	4	6			5		3	7
7	3	1	6		9	8	2	5
8	5		3			4	1	6
5		8		7			6	4
	6	7	2		1		8	
9					8	7	5	1

8	3			9	7		6	1
7				6	1	9		8
6	9			8	4	7		
	1	7	8		3		2	9
9		6	1		2	5		4
2	4		6		9	1	8	
		9	7	2			1	5
3		8	9	1				2
1	7		4	3			9	6

9		4		7	5	3		8
7	6		8			5	9	
8	1		9		2			4
6	7					1	3	5
	5	2	3		6	7	4	
4	3	9					2	6
5			2		3		8	7
	4	7	5		8		6	3
3		6	7	9		2		1

4	5		7	6	8	1		3
	7	3	2	9	1	4		
2		8	4		5			7
	3	4	8	1			7	
7	6						8	1
	8			2	7	9	4	
5			1		2	7		4
		7	6	4	9	8	1	
8		1	5	7	3		6	9

6			2	5	1	3		
	3	1	4			8	2	6
	2		3	6	8			1
2		3		4	7	9		5
		9	5		3	7		
7		6	8	9		1		3
8			1	3	4		5	
1	6	7			5	4	3	
		5	7	8	6			9

8	1	7		6	4		5	
3		6	9			8	4	7
	4		7	5				6
6	9			8			2	5
4			5		3			1
5	7			2			9	8
9				7	1		8	
7	2	4			5	6		9
	6		2	4		5	7	3

	4			7	9	5	8	
		6	8	5	2		9	4
		9		4	3	1	7	
9	2		3	6	1	8		
	3	7	5		8	2	6	
		8	4	2	7		5	3
	5	1	2	8		7		
8	9		7	1	6	4		
	7	4	9	3			1	

2		3	9		6		1	5
9		8		5	4	6	2	
7	6		1		3		4	
	7	9			8	5		6
4		6	3		9	2		7
3		2	5			1	9	
	3		8		1		5	2
	2	4	6	3		9		1
5	9		4		2	3		8

3	6	1	4	5				2
	4	8	7				1	6
	7	2	1	6	9	3		
	1		5	2	7	8	3	
	8		3		1		5	
	5	3	9	8	6		2	
		7	2	1	3	5	4	
	2	5			4	7	1	
1				7	5	2	9	8

	2	5		3	6	1		
	9			1		8	6	2
1	4		7			9	3	5
	8	3		6	4		7	9
9		4	2		3	6		8
6	5		8	7		4	2	
7	1	9			2		8	6
4	6	8		9			5	
		2	6	8		7	9	

1	2	5	4					6
7		4		6	1		5	
9		8	7	5		3		4
		1	2	7		5	3	8
	5	2	6		8	7	4	
8	4	7		1	3	6		
2		9		4	7	1		5
	1		9	2		4		7
4					5	2	9	3

		1	7		9	3		5
7		4		2	5	1	9	8
	9		8	1		7	6	
			9	1	4	5	3	
9		3	5		8	2		7
5	1	2	4	3				
	5	7		8	6		4	
1	2	9	3	5		8		6
4		6	9		2	5		

2	4			1		6	8	
	8	1	4	7			3	5
7		6	2		8		9	4
4	9	2			3	8	1	
	1		6		2		7	
	3	7	1			5	4	2
3	7		8		1	4		9
1	2			9	7	3	6	
	6	9		2			5	1

8	6	2	1	7		5		
	1	9	8	4	3	7		
7			5			9		8
3	9		2	6	8	4	5	
	4	7				1	8	
	8	5	4	1	7		2	9
4		6			2			1
		8	7	3	4	6	9	
		3		8	1	2	7	4

6		3	4		9	7	2	
	7			5	8	3	1	
	1	5	3	7		9		
	4	7	8	6			2	3
5	3		7		4		6	1
	9	6		3	2	4	5	
		1		4	7	6	9	
	6	8	9	2			7	
	5	9	6		3	1		2

BLUE BELT PUZZLES

Proof rather than argument

Now there are fewer numbers given to you and the puzzle becomes a little bit more difficult. It is tempting to take shortcuts by guesswork. Do not fall into this trap!

Sudoku solutions are not open to debate. There is only one right answer. And it must be sought by careful thought and the application of logic.

There are four basic lines of inquiry to pursue. As the puzzles become more complex, you will find yourself returning to each of them, again and again. The lines of inquiry are:

- By number: look at each number in turn and, by means of cross-hatching, see if there are any places where it must, inevitably, go.

- By row: look across the horizontal row. Which numbers are missing? Are there any empty boxes that can be filled by only one of the missing numbers?

- By columns: the same procedure as for the rows, but considered vertically.

- By box: as for row and column, but within a single nine-grid-square box.

With the methodical application of these lines of inquiry, a Blue Belt puzzle should be solvable with surprising, and gratifying ease.

4		1	5	6	7	9		
3	7	6			4	1		8
5		2		8		4		7
	4		7		2	6		
9	6						2	3
		5	6		9		7	
7		4		2		3		6
6		9	4			2	1	5
		8	3	1	6	7		9

1		9	5		7	4		
	3		8	4	6	1	5	
	5	4			3	6		
			7	5	8		4	1
7	4	2				5	8	3
5	1		2	3	4			
		5	3			7	6	
	7	1	4	8	5		9	
		3	6		9	8		5

9		5	6			1	3	2
6	4	3	5				8	
1	2			7	9			6
4		1			5	8	2	
	8	7				9	6	
	3	9	2			4		7
8			4	3			5	1
	5				2	3	9	4
3	1	4			6	2		8

7	3		5	6	2	9		
	6		8		4		3	1
2		4	3			5		7
8	5		7	1				2
1		2				6		3
3				4	6		1	5
5		8			7	1		4
4	2		1		9		8	
		7	4	2	8		5	9

8	9				4	6		1
2	6	3		7			5	
		7	6	8	5		2	
			8	9	3	5	4	7
9	7						1	8
5	3	8	7	4	1			
	5		3	2	6	7		
	8			5		1	6	2
7		6	9				3	5

		2	3	1	9		7	4
9	5	3	7		4		2	
4	1			2	5	6		
	4	9		3		2		
		1	5		2	3		
		8		4		9	6	
		6	2	7			5	9
	9		4		6	1	3	2
1	2		9	5	3	7		

2			8			1	9	5
8	4		1	6	9			
	9		7			4	8	
4	5			8	7		1	2
3	6		5		2		7	8
7	2		3				5	4
	8	7			3		4	
			9	7	6		2	3
9	3	2			8			1

		7		9	6	5	4	
	2	1		4	3	9		7
5			7	2	8			6
4			2		1	8		3
	6		9		5		2	
9		2	3		4			5
2			8	3	7			9
7		9	4	1		6	3	
	8	3	6	5		2		

5	1			4	6			2
		2	8	9			7	1
8	3				5		6	4
1	9			3		8	2	
2	7	6				5	4	3
	8	5		6			7	9
4	2		9				3	7
	5	3		2	8	4		
9			3	7			5	8

		7	4	3	8		5	
	8	3	5	1	6	4		
				2	9	3		6
	5	4			1	8	6	
	6	9	8		5	1	7	
	3	8	2			5	9	
3		1	6	8				
		2	9	7	3	6	1	
	7		1	5	4	2		

4			5		7	1	2	
	8	5	7		2	4	9		
9		1		8	6	4	5	
	8	9					7	1
3			8		5			4
7	6					2	8	
	4	5	7	1		8		2
		8	6	4		5	1	9
	9	3	2		8			6

		1	9			4	5	2
8	4		5	3				6
2	6				4	3		9
	9		6			8	3	
	2		3		7		6	
	5	6			1		2	
5		4	2				9	1
6				4	9		7	3
9	7	3			6	2		

	1	5	6		7	8		
	3		4		5	1		2
8	4	6	1	2	9			
	7			5	1		4	9
4		1				2		5
5	9		7	6			8	
			8	4	6	9	2	3
9		3	5		2		1	
		4	9		3	7	5	

		1	6			2	3	
2		9		5	7			1
8		3	4	2		9	7	
4	3		2		6	7	1	
	1		8		3		5	
	2	8	7		5		4	9
	9	2		7	4	8		3
3			5	6		1		7
	7	6			8	5		

1	4	3		9	6		8	2
		9	5		1	4		7
7			3	4			1	9
4	1		6	7				8
		6	4		3	2		
3				2	8		4	6
5	7			3	9			1
6		1	8		7	9		
9	2		1	6		7	5	3

9			1	4	7			2	8
7				2		3	9	5	
2	3					5	7		4
				8	2	4	1	9	
	8	9					5	4	
	7	2		1	5	9			
6		3		5				7	1
	1	7		3		2			9
8	2				9	1	6		5

6	4	2				7	5	8
3			7	2			9	4
	5	9	4	6			3	
1				3	4		7	6
	2		8		6		4	
4	6		9	5				1
	7			4	2	3	6	
5	9			8	3			7
2	3	4				8	1	5

	6		2		9	3	1	
	5	2	8	1				4
9		1		6	3			5
5	3	9	7		4		6	
6			5		2			9
	4		1		6	5	7	3
7			6	4		9		1
1				7	5	4	2	
	8	5	9		1		3	

3	2		6			7		
5	4				3	2	8	6
		7		2	5	4	3	
2	3	5			7	8		1
1			2		8			7
8		6	9			3	2	4
	8	3	1	7		9		
9	5	1	3				7	8
		2			9		4	3

	1	6		4			7	9
8			9		5	4	1	
9	5		1				6	3
	6	9		3	2			5
1		8	4		9	7		6
3			6	8		9	2	
5	4				8		9	1
	8	1	2		4			7
7	9			1		2	4	

GREEN BELT PUZZLES

*A wise man does not lose his way,
a brave man does not fear*

As you move through the levels of increasing
Sudoku mastery, so you are given fewer numbers.
More empty boxes stare at you from the page.

Do not be alarmed. There is a solution. It is simply
a matter of finding it.

You must now start to think one or two moves
ahead. Suppose, for example, you are looking
across a line of three horizontal boxes. Let's call
them A, B and C, from left to right. These boxes
each contain three complete rows and nine
incomplete columns.

Now suppose that Box A has, say, the number 4 in
its top row. Where will the number 4 go in the
other two boxes? Clearly in the middle and lower
rows. There may appear to be spaces in both
unsolved rows, in both unsolved boxes. But look
again.

Suppose the middle row in Box B already has two
grid-squares filled. Suppose the column in which

the empty grid-square sits already contains a 4. Clearly, the 4 cannot go in the middle row of Box B.

But that row has to have a 4 somewhere. Box A already has its 4. Box B is impossible. So the only place that 4 can go is in the middle row of Box C.

And the only place the 4 can go in Box B is in the bottom row.

You may not immediately find the exact grid-square where your missing 4 must go. But you will have excluded the squares where it cannot go. And that is half the battle.

3		1	6	5			9	
	6	8		4			7	
		2	7		1	6	8	3
		4			6	5	3	1
8			5		2			4
6	9	5	3			8		
4	8	9	1		7	2		
	5			6		3	1	
	3			2	5	7		9

2	6	7	3			5	1	
		3	6	4				7
	8			2	7		9	3
8	2				1	7		6
	7		4		8		5	
3		9	2				4	1
6	3		8	5			7	
5				6	3	4		
	4	8			2	3	6	5

3			7			4		1
1	9			4	3	6	2	
	4				6	7	9	3
9		6		2	8			
8	7		5		9		4	6
			6	1		8		9
5	3	9	2				7	
	1	4	3	8			6	2
6		2			1			4

6		9		7		1	3	
	2		1	4	3		7	
3		1	6		2	5		
9	8		7			4	2	
	3		4		6		1	
	1	7			9		6	8
		3	5		8	6		1
	6		9	1	7		5	
	5	2		6		8		7

		3			7		6	8
4		7		8	1	5	3	
6	5	8	9				7	
		6		2	8		1	
2		1	7		6	8		4
	8		3	1		6		
	7				5	3	4	2
	4	2	1	7		9		6
3	6		2			1		

	5	8	2	4			9	1
		2	3	9	1			
	1					2	3	4
4		7		3	8		5	2
5		1				3		7
2	8		9	7		4		6
1	2	6					4	
			6	1	4	8		
8	3			2	9	1	6	

9		5	4			7		2
		1	2	7		6	4	
7	2		6			5		3
	3	7	9	5		4		
	4		8		7		3	
		9		4	2	8	7	
4		2			8		5	7
	5	3		2	4	1		
1		8			9	2		4

	2		5	9				
	8	9			1		5	6
		4	2		6	9	8	3
		2	4			3	7	9
	9	7	8		3	5	1	
1	5	3			7	4		
2	4	5	7		9	6		
6	3		1			7	9	
				3	4		2	

	9	4	5				2	7
	3		2	7		5	8	
		5		8		3	6	
2	5		3			6		8
	1	8				7	9	
3		7			9		1	5
	8	2		9		4		
	4	6		2	5		3	
1	7				8	9	5	

4		6		3	8	7	2	
3			2		7	4		8
		8		9	1	3		5
		1	9		5		4	
		4	8		3	1		
	3		6		4	9		
8		7	1	5		2		
1		3	7		2			4
	2	5	3	4		8		1

	6			9	2		5	1
		1	7		3	8		6
3			8	1	6			7
9	1		2					8
		3	9		1	5		
6					4		1	9
1			6	7	5			4
5		8	1		9	6		
7	2		3	4			9	

GREEN BELT

		6	2	7			9	4
7	2	4	9					
		3	8	4				2
5		1	4	9			8	7
6		8	3		7	1		9
2	7			1	8	4		5
4				8	6	3		
					4	9	7	6
1	6			3	9	2		

1	7				2		8	
	9	6	3				5	7
4			1	6	7	9		
		2	8	4		3		9
9	6		2		3		4	1
5		4		1	6	8		
		9	7	3	8			5
8	5				9	7	3	
	2		4				9	8

			8	6	1	2		5
8	7	6			4	1	3	9
2	1					6		8
	5	1	9			3		2
		3	5		2	7		
7		8			6	5	9	
1		2					5	3
6	3	4	1			8	2	7
5		7	4	2	3			

2	8		3			5		1
	4		6			3	8	
6		3			2		7	4
	6	2				8	3	9
8	9						1	7
1	3	7				2	4	
3	2		7			4		8
	7	8			4		2	
4		6			8		5	3

1		5	9	4		3	2	
	9	3	5			1		
7				1		9	5	
	7	1		3			6	8
6		9	2		1	4		3
3	8			5		2	1	
	1	2		7	4			5
		6			2	7	3	
	3	7		6		8		2

3			7		4	1	9	
	5			6	2			7
1	2	7		8				6
	1	3	5	4		7		8
8		5				9		1
9		4		1	6	5	2	
7				9		6	8	5
6			2	7			1	
	9	1	6		8			4

	1			4	6	8		5
6	4	5		9		2		1
	9		2		1		6	
4		9		1	3		8	
7			4		5			6
	2		9	8		3		4
	8		1		9		2	
9		2		6		1	3	8
3		1	8	7			4	

8		9	4			5		
1	5		3		6	9		8
3	7	2	9	5			6	
	1	8		9				5
7	4						9	1
2				1		6	8	
	2			6	9	7	4	3
9		7	2		5		1	6
		6			7	2		9

1			9			8	5	
			1	6		7	4	9
	5		4			1	2	
		1	2	4	8	3		7
	7	4	6		9	2	1	
6		8	3	7	1	4		
	8	5			6		3	
4	6	9		3	2			
	1	3			4			2

PURPLE BELT PUZZLES

Fall down seven times, get up eight

Every Sudoku player becomes well-acquainted with disaster. You race through a puzzle at tremendous speed, come to the final few empty squares and then discover with a sickening jolt that numbers have been doubled-up, or cannot be fitted in.

Something has gone wrong. But where? The mistake may have been made very recently. Or a flaw in your initial reasoning may have doomed your puzzling, right from the start.

This is why any wise Sudoku player always works in pencil. You must have the courage to erase everything that you have done and start all over again.

Do not be discouraged. Very often, you will spot where you went wrong within moments of restarting. One number, moved from the wrong grid-square to the right one, will set you off down the road to a correct solution.

How do you know if you are on the right path? Well, think about the numbers you are missing.

Look at the empty boxes shared by columns or rows, and the boxes through which they pass.

Are the numbers you are missing from a given row the same as those from the box through which it passes? If they are, then you will not have any doubled or missing numbers. If they are not, you may be in trouble.

	6	7	2			3	5	9
4	3					1	7	2
		5	7		1			
6				7			9	1
		1	9	5	2	4		
3	9			1				5
			5		7	9		
5	4	3					8	7
2	7	9			4	5	1	

1		9	8	4		2		
4		6	9				1	
2	5			1	6		8	9
		4		9	7	8		
5				6				7
		8	5	3		6		
9	4		3	8			2	6
	6				9	5		4
		5		2	4	9		8

9	5		4					1
	8	4	6	9		5		
		7	5	1		8	9	
			9	3	5		2	
	7	2		6		9	5	
	9		2	7	8			
	2	5		4	1	6		
		9		2	6	4	1	
4					9		7	3

8	7	3		2	9	4		
9		6	3			8	5	
4		5				2	9	
	3	4		8		1		
	8			4			6	
		1		7		5	4	
	5	8				7		4
	9	7			8	6		1
		2	7	3		9	8	5

3		9			6			
1	6	2		7				
7		4		2			9	1
2		1		5	7		3	6
8		3	2		1	9		4
5	9		4	3		1		2
9	1			8		7		3
				9		4	1	8
			7			5		9

1	4		2	6	9			
2				5	4	9	1	7
	9	5				6	4	2
3			1	4				
4				3				8
				9	8			4
6	1	4				2	8	
5	2	3	4	8				6
			6	2	3		5	1

	6	4		9	3		1	
1	5	3			2		4	
	7		4				8	3
5				2	7	1	3	
2		1				7		9
	9	8	1	3				2
3	1				8		9	
	2		3			8	7	4
	8		6	7		3	2	

3	4				5		6	
1	7		2			4		5
	8	5	4	3		1		2
	5			2	4		8	
	9	3				5	2	
	2		8	5			1	
7		9		4	2	8	5	
5		8			1		4	7
	1		5				9	6

	3				5		9	2
6		4	7	3		8		
			1	9	8		6	
			5		4	6	7	8
4	7		3		1		2	9
5	8	2	9		6			
	6		4	1	3			
		5		6	9	4		7
3	4		2				1	

PURPLE BELT

5				8	2	9		
8	9		4		6	5		
3	1	6		9			8	
		1			9	2		5
	2	5		6		8	4	
9		8	2			7		
	7			2		6	5	4
		4	6		7		9	8
		9	5	4				7

7				2	4	6		
2	6		3	1				
	5	3		7	9			
5		6	7		1	8	9	
3		8		4		1		5
	2	7	9		5	4		6
			8	5		3	6	
				9	7		4	8
		5	4	6				1

	6			1	3		5	
		3	9		5	6		8
1		5	8				7	2
	3			7		1		6
9			4	3	6			7
7		6		5			4	
8	2				1	4		5
3		9	5		2	7		
	5		3	4			2	

3	2		8		6			5
8						1		3
5	9			3			7	6
1		5	4			2	8	
		8	1	9	5	4		
	4	9			2	5		1
7	8			5			9	4
4		6						8
9			6		8		5	2

		3		6			4	
7		1		5		8		9
		8	9	2	1	6		
		9	6	1	5		3	
3		2	7		4	5		6
	7		2	3	9	4		
		4	1	9	6	3		
9		7		4		2		1
	5			7		9		

4		9	5	2			8	
3		1		6		5		7
6			7		1	2	3	
	5		2		6		9	4
9	1			5			7	2
2	3		4		7		1	
	4	8	1		2			3
7		3		8		4		1
	6			3	4	7		8

	6	7	2	8		4		9
			4		1	8	7	6
	3		6			1		
				6	4			2
2			1	7	3			4
6			9	5				
		9			6		4	
4	8	6	3		9			
7		2		4	8	9	6	

1		5		4		7		3
	7	6	9			8		1
	8		1		7		6	
8		9		7	3		2	
		2	6		9	3		
	3		5	2		9		8
	6		3		8		4	
3		7			5	1	8	
5		8		1		2		6

	3	5			1		7	
			5		7	8	3	
7	9				8		5	
	4	8	9		6			7
1		7	3	8	5	4		9
9			7		4	5	8	
	5		6				4	8
	7	1	8		2			
	8		1			7	2	

5		9		2	1	3		
		2			6	7		4
7	6		4	8			5	2
6	7				5		1	
1			3	6	7			5
	2						4	7
2	8			5	3		7	1
4		7	8			5		
		1	6	7		2		8

	6			1				
2		9		3		1	6	7
8				7		2		4
4	9		3		6			1
1	3	8		4		6	2	5
6			1		8		4	3
5		7		9				6
3	2	6		8		4		9
				6			1	

BROWN BELT PUZZLES

An accomplishment sticks to a person

By now, you may be past the point where you need any advice from a humble zen-master of Sudoku. What can we at the Institute tell you?

You are already adept at spotting the troublesome numbers that plague any high-grade, top-level puzzle. You will soon become used to (if you have not already done so) solving puzzles in which a number may have only one given example at the start of a puzzle, or even none at all.

You will be experienced at the art of tracking down a number, determining and considering all the possibilities for its placement around the puzzle, before paring them all down to the nine correct solutions.

And yet, even for one such as yourself, the gift may inexplicably vanish. One day, you may chance upon a relatively simple puzzle, a trifling insult to your Sudoku skills. You commence work on its solution, and . . . nothing.

You have suffered the most distressing of all afflictions. You have lost your Sudoku mojo.

It is an embarrassing, even shaming moment. But it happens to most Sudo-wrestlers at some point in their careers, even if few care to discuss the problem, still less admit it.

Who knows what the cause may be? Fatigue and stress are obvious possibilities, as is an excess of solitary Sudokation. Whatever the reason, recovery will come. One day, your puzzling skills will return as if they had never been away.

For your Sudoku mojo is never truly lost. It is only ever mislaid.

9			1	5			6	
	5	1		6	3	4		
8			7	4				5
1		9		8		5		
	2		3		7		4	
		3		2		9		8
3				7	9			6
		4	2	3		7	1	
	9			1	6			4

9		7			5	4	6	
	5		9	8	6			
					7	9	3	5
5					1	3		4
	3	4				2	1	
6		9	3					7
3	4	6	7					
			4	5	3		7	
	9	5	6			8		3

6			9				3	
				8	5	6	1	7
3					1		8	9
8			7	5			9	
9	2	3				4	7	5
	7			3	9			2
4	3		2					1
7	6	5	1	9				
	8				3			6

	1		3		5			8
3	8		1				7	6
		9	7				4	3
	6		4			7	5	1
	3						8	
5	4	8			7		3	
6	2				4	3		
4	7				2		6	9
8			6		1		2	

	3	7	9					
8		9	5				7	4
5			7				8	3
3	8	2		7		6		
	9		3		1		5	
		5		8		4	3	2
7	5				6			8
9	2				4	7		6
					7	5	4	

				8	3	7		9
2	3	8				4	5	
4		7		2		3		
7	8			5		9	1	
			8		2			
	5	1		9			8	6
		4		3		6		5
	6	3				8	7	2
8		9	5	6				

	9			3	7			6
			6	1	5	9		
		3		2	9		7	
		4			1		6	8
6		8	2		4	3		9
9	5		3			2		
	8		1	4		5		
		9	7	6	3			
7			9	5			3	

BROWN BELT

	6	4	3		2		9	
9		8	7		5			
3			6		4	2	7	
1				4		5		
	3	7				4	2	
		6		5				7
	7	2	5		6			9
			4		1	6		2
	1		9		8	7	5	

	3	8	5				7	1
		5	1	2	3			
1						5	6	
3		4	9	8				
9	5	7				6	1	8
				6	5	9		4
	4	3						7
			4	3	8	1		
8	1				7	3	4	

					2	6	3	4
	3			4				
					5	7	2	
3	5	7		9	1			8
9	6	2	8		7	1	4	3
1			6	2		5	9	7
	2	3	5					
				3			7	
7	9	8	1					

		2	8	4	6		9	
		4	9	1	5			
	6					8	4	5
		3	1	6				8
7	9						1	2
5				7	8	9		
1	8	7					2	
			4	8	7	3		
	3		6	2	1	7		

4	6		3					8
			4	8	9			3
3		8		2	5	4		
8		2		5		6		9
9								5
1		6		9		7		2
		3	2	1		9		4
5			9	3	6			
7					8		1	6

6	2		8	9	5	7		
	5			4			2	1
					7		5	
2		7	5		3	4		9
4			2		1			8
1			9		4			2
	8		7					
5	1			3			9	
		4	6	5	2		8	3

3				9				5
	2		8					1
9	8			4	5		2	3
		5		2	1			4
8		3				6		2
2			9	6		3		
4	6		7	5			3	8
1					9		7	
7				1				9

7		1	5			9		
5			6		9			
6	9		3		2	5		
4		6	2	8			5	
3			4		6			1
	2			5	3	6		4
		8	9		1		4	5
			8		5			3
		3			4	8		2

9		4	2		8		6	
2		3	5	1				4
	8	6		4	7		3	
	3							1
		1	3		2	9		
5							7	
	6		4	9		3	1	
4				6	3	2		9
	9		8		1	7		6

	2			7			9	
4		1					2	3
5		9	2	4	3			
3			4	6			8	2
2		4				6		1
6	1			3	2			5
			9	5	6	2		4
1	4					3		9
	5			1			6	

2	4					7	6	
	8	6	7	9				2
9		3		4		5		8
3	1					4		7
4								1
8		7					2	3
1		4		2		8		6
6				7	4	2	3	
	3	2					9	4

6	2		1				5	7
		1		5	6			3
		7	4		2	6		9
5			2				7	
	8		5		7		6	
	1				9			5
1		5	6		8	3		
2			9	1		5		
8	6				5		4	1

BROWN BELT

6				8	2		1	
8		1		4	5	9		
7			6			4	3	
5	2			7		6		4
			2		8			
3		7		9			5	1
	4	8			7			3
		3	8	6		5		2
	6		9	3				7

BLACK BELT PUZZLES

If a man be great, even his dog will wear a proud look

By the end of this chapter, you will be qualified to bear that most coveted of all titles: Black Belt Sudoku Champion.

Congratulations, you have achieved great honor! And you deserve it. You may now look down upon the humble toilers, struggling to solve even the simplest White or Yellow Belt puzzle, much as a mighty samurai warrior looks down upon the humblest peasant in the rice paddies.

A word of caution is now required. Bear your Sudoku Black Belt with pride, but also with modesty. Do not boast of your own skills, nor belittle those of others.

You know how clever you are. Your loved ones know how clever you are. We at the Institute are overwhelmed by your achievements.

That should be enough.

For Black Belt puzzles, you will need to fill in numbers 0–9 and letters A–F.

Best of luck!

D	I	F		2	A			5		3		6	4		
C		0	6	9		I		7	E		A				8
3	2	7	5		8	B		C				F	I		9
	E		9	6		3	F		8	0		7	B	D	C
	4			F	3		A		2	B		D		9	I
I	3	6	A		0			2	D					F	B
	D		C	8			4	5	E		I	F		A	0
8	F		7	D	B	6	I		A			C	E	5	4
	9	I	D	4		5		B	F	2	E	A		C	7
	5	B		7	9			0	8	6		3	4		I
7	C					8	A		5			0	9	6	E
E	6		F		C	A		9		7	0			3	
9	A	5	E		I	F		2	0			7	C		8
6		4	B				9		C	8		3	0	5	2
F				5		8	7			9		6	I	E	D
		D	I		4		6			E	B		F	7	A

F	A	0	4				5		6	1			E		8
	E	B	1	9	8				4	D	A	5	F	6	
5	6		8	A			3	0	E		7		D	9	
9	D	7		6		4				3			B	A	0
A	9		B	1		C			7	2		6	0		4
2		E	C	5	0		B	6			8		1	7	
4	0			8	F	6	A	1	B	5	C		3		
			5	3		7	2		9	0	E	8	C		D
C		A	F		3	8		D	0		6	7			
		9		D	6	0	4	2	A	F	B			1	C
	8	4		B			F	7		C	1	2	9		6
B		6	D	E	7	1		8		4	0			F	3
	7	3	6		B				5		0		2	C	9
	4	F		C		3	8	E			9	B		0	1
	C	5	9	4	2	D				3	F	6	E		
I		2			9	A		F				3	4	8	5

2	D		3		B	C		F			8		1		6
C		8	4			6	A	0	B	5		F			D
	6	7			1		2			E		5	C	8	A
9	5		A		7	8			C		1	B		E	3
	A		1	4	5	2	C	7		8			6		
	4	9		8		3	B	C	E	0	6			1	2
8	C	3	5	F			6		2	9	B	0			
6	2		D		9	0		5		4	F		8	3	C
F	E	D		2	6		9		0	3		C		4	5
			6	1	F	7		4			5	3	E	2	9
4	0			3	A	E	8	9	6			C		F	B
		1			4		D	B	A	F	E	6		7	
5	F		E	B		D			4	1		7		C	0
D	8	A	9		C			6		B			3	5	
B			0		8	A	F	E	3				1	D		4
1		4		6			E		5	7		8		A	F

C	F	A		4			7		1	E		5	D	0	9
D	9		1	B		0			F	A		E	8		
6	3		E					7		9	C		B		4
B		7	8	E	9	5	A	D		2			3		C
	0			6		C	3	F	2	7	8	B		9	5
	C		7	5		1	0	E	B	6	9				8
9			A	D	7	2	B		3		1	0		C	
			B	8		9	E		A	C		3	7		1
5		D	C		B	7		9	0			A	4		
	B			0	3		F		2	7	1	4	C		D
F				0	D	E	C	3	8			6	2		B
7	2		6	9	5	A	4	B	C		E			1	
8		B			E		9	1	D	3	2	F	0		A
0		6		A	2		F					7		8	E
		C	4		3	B			E		F	9		D	2
2	E	9	F		0	D		A			7		C	3	B

F	1		3	B		5	7	D		4	0		9		
6	C	9		A	F		3		5	B		4	D	2	7
2		8		1	0		6		F	7		A	E		3
A	B		4	D		9			8	6	2	5	0	F	
D	8	0	6	2	E		5			1			A		C
	2	4		6			A	B	0		5	D		1	F
	9		A	4				F	6	8		7			2
5	F	1		9	B		8	2					4		
	A					2	0		3	7		F	6	9	
9			F		A	7	0				8	2		5	
7	3		2	C		E	B	6			F		4	8	
1		B			6			9		5	4	E	3	7	A
	7	A	9	F	D	2			3		6	8		E	B
3		C	1		8	6		4		E	B		2		5
8	6	2	5		3	B		A		F	C		7	D	4
		F		7	5		4	8	1		D	9		3	6

BLACK BELT

116

	5		D	6		B	7		C		0	A		2	
0		6		1	9			3		F	E		4	5	D
1	9	3		4			E	8				B	6	0	C
4			C	A		5	3	B			D		E	8	9
7				F	2	1		9	5		3	8	B	E	6
		1		E		A	B		6	4		0	5		F
6	F		5					2	A		B	C	3	7	1
E		B		3	7		5			1	C		A	D	4
D	4	9		B	E			1		0	8		C		A
F	C	8	7	5		3	2					1		6	B
B		5	0		A	D		C	F			6		2	
3	6	A	E	0		7	C		4	B	2				8
5	B	D		7			1	0	9			A	3		E
9	3	7	6			0		E			F		8	1	2
C	2	0		9	3		F			8	1		7		5
	E			1	2		8		7	3		4	6		B

```
3 C     0   5         7   D B 9 A     4 1
2 9 E 5             A   1     0 F         8 6
B 4     1   D         F               9 5 A E
6 D     F       9 3       5 8         C 0 B 7
9 6 2       7 D       4   B     I         E     C
7         D   8 9     B       E 2 6             A
    0     E   I 3 6 5           9       2 D
8       4     E A     C D     5   B 3 7
    I 0 2   9     4 6       E F     7         B
    E 9     C         A I 5 7   D     6
A       C   3 F       8     B 0   5         4
D     F       5     7   4     C 6     A 2 3
I B 5 6       2 E     0 3         4     F D
E 3 C 8             9       B A     0 I
0 2         F 8     C 6             E B 9 5
    A D     B 7 I 0     C     E   2     3 8
```

	0	9	7			F	5		2	C	A				6
4	2	F		6		1			3	D		E		5	A
D		A	5		B	3	2	F	0		4		7		8
B		6	3	0			A	7		5	8	2		F	
	D		9	4			B	A	F	2	3	6			0
1	6		4	8	9	E	F	0	D		C				
	A	5		2	3			C	E		4		8	1	D
		3	F		0	D	6			B	1			7	2
6	9			1	D			4	7	3		5	2		
2	4		A		7		8	D			0	5		B	6
			9		6	4	C	B	8	F	0			D	E
8			0	5	E	B	3	9			2	C		4	
	5		E	C	A		D	2			7	3	6		B
A		C		3		2	9	6	8	1		7	5		4
F	8		6		5	0			A		B		C	2	1
3				B	6	4		5	C			F	8	A	

1	4	7		2			D		6	5		9	A	F	0
		C	0			5			3	F	6	8			7
		A	6		3	F			1	4	8	5	C		2
		2		6	A		1	B		0	7	4	E		D
2	C		4	B				8		6		F	5	7	1
9		D	E	1		0	C			7	A	8		2	
	6			4		7	2	1				E	D	0	9
7	1		B	D		6	9		E	2		A		4	C
E	5		F		2	1		3	B		D	7		9	A
6	D	1	0				F	8	C		2			E	
	A		7	E	6			0	F		4	D	2		8
3	8	B	2	9		4				5	C		6		F
5		3	1	F	9		6	4		C	B		7		
4		6	D	8	C	E			5	F		0	9		
A		F	8	3	1			7			9	B			
B	E	C	9		0	2		6			3		F	D	4

SOLUTIONS

1

2	1	6	4	3	5
3	6	2	5	1	4
5	4	1	3	2	6
4	2	5	1	6	3
1	5	3	6	4	2
6	3	4	2	5	1

2

3	1	2	4	6	5
6	2	3	5	1	4
5	4	1	6	3	2
4	3	5	1	2	6
1	5	6	2	4	3
2	6	4	3	5	1

3

4	1	3	6	5	2
5	3	4	2	1	6
2	6	1	5	4	3
6	4	2	1	3	5
1	2	5	3	6	4
3	5	6	4	2	1

4

3	6	1	4	2	5
2	1	3	5	6	4
5	4	6	2	3	1
4	3	5	6	1	2
6	5	2	1	4	3
1	2	4	3	5	6

5

5	2	3	6	4	1
4	3	5	1	2	6
1	6	2	4	5	3
6	5	1	2	3	4
2	1	4	3	6	5
3	4	6	5	1	2

6

1	2	3	5	4	6
4	3	1	6	2	5
6	5	2	4	1	3
5	1	6	2	3	4
2	6	4	3	5	1
3	4	5	1	6	2

7

2	6	4	3	5	1
5	4	2	1	6	3
1	3	6	5	2	4
3	2	1	6	4	5
6	1	5	4	3	2
4	5	3	2	1	6

8

5	2	1	3	4	6
4	1	5	6	2	3
6	3	2	4	5	1
3	5	6	2	1	4
2	6	4	1	3	5
1	4	3	5	6	2

9

5	3	6	1	2	4
2	6	5	4	3	1
4	1	3	2	5	6
1	5	4	3	6	2
3	4	2	6	1	5
6	2	1	5	4	3

10

2	3	4	5	6	1
6	4	2	1	3	5
1	5	3	6	2	4
5	2	1	3	4	6
3	1	6	4	5	2
4	6	5	2	1	3

11

2	6	7	1	5	8	4	3	9
5	3	8	9	4	6	2	1	7
9	1	4	2	7	3	6	5	8
3	7	6	8	1	9	5	4	2
8	4	5	7	6	2	1	9	3
1	2	9	5	3	4	7	8	6
4	5	3	6	8	7	9	2	1
7	9	1	3	2	5	8	6	4
6	8	2	4	9	1	3	7	5

12

8	4	6	2	5	3	9	1	7
5	2	9	7	6	1	3	8	4
7	1	3	8	9	4	2	5	6
2	5	7	6	4	8	1	9	3
1	3	4	9	7	2	5	6	8
6	9	8	3	1	5	7	4	2
4	6	5	1	3	7	8	2	9
9	7	2	5	8	6	4	3	1
3	8	1	4	2	9	6	7	5

13

6	3	1	9	2	7	8	4	5
7	2	8	4	5	1	9	6	3
5	4	9	3	6	8	2	7	1
4	9	3	2	8	5	7	1	6
1	8	6	7	9	4	5	3	2
2	7	5	6	1	3	4	8	9
9	6	4	8	3	2	1	5	7
3	1	7	5	4	9	6	2	8
8	5	2	1	7	6	3	9	4

14

4	6	8	7	5	2	1	9	3
7	3	5	9	1	6	8	2	4
9	2	1	3	4	8	7	5	6
8	5	4	1	2	9	6	3	7
3	9	7	4	6	5	2	1	8
6	1	2	8	3	7	9	4	5
1	7	3	6	9	4	5	8	2
2	8	9	5	7	3	4	6	1
5	4	6	2	8	1	3	7	9

15

3	9	5	2	4	7	8	1	6
4	2	1	5	6	8	9	3	7
8	6	7	9	3	1	4	2	5
1	7	4	8	5	9	2	6	3
6	8	3	4	1	2	7	5	9
9	5	2	6	7	3	1	4	8
2	1	8	3	9	5	6	7	4
7	3	6	1	8	4	5	9	2
5	4	9	7	2	6	3	8	1

16

1	9	5	8	3	4	6	7	2
6	8	4	7	1	2	5	9	3
3	7	2	5	9	6	1	4	8
2	4	6	1	8	5	9	3	7
7	3	1	6	4	9	8	2	5
8	5	9	3	2	7	4	1	6
5	1	8	9	7	3	2	6	4
4	6	7	2	5	1	3	8	9
9	2	3	4	6	8	7	5	1

17

8	3	4	5	9	7	2	6	1
7	2	5	3	6	1	9	4	8
6	9	1	2	8	4	7	5	3
5	1	7	8	4	3	6	2	9
9	8	6	1	7	2	5	3	4
2	4	3	6	5	9	1	8	7
4	6	9	7	2	8	3	1	5
3	5	8	9	1	6	4	7	2
1	7	2	4	3	5	8	9	6

18

9	2	4	6	7	5	3	1	8
7	6	3	8	4	1	5	9	2
8	1	5	9	3	2	6	7	4
6	7	8	4	2	9	1	3	5
1	5	2	3	8	6	7	4	9
4	3	9	5	1	7	8	2	6
5	9	1	2	6	3	4	8	7
2	4	7	1	5	8	9	6	3
3	8	6	7	9	4	2	5	1

19

4	5	9	7	6	8	1	2	3
6	7	3	2	9	1	4	5	8
2	1	8	4	3	5	6	9	7
9	3	4	8	1	6	5	7	2
7	6	2	9	5	4	3	8	1
1	8	5	3	2	7	9	4	6
5	9	6	1	8	2	7	3	4
3	2	7	6	4	9	8	1	5
8	4	1	5	7	3	2	6	9

20

6	7	8	2	5	1	3	9	4
5	3	1	4	7	9	8	2	6
9	2	4	3	6	8	5	7	1
2	1	3	6	4	7	9	8	5
4	8	9	5	1	3	7	6	2
7	5	6	8	9	2	1	4	3
8	9	2	1	3	4	6	5	7
1	6	7	9	2	5	4	3	8
3	4	5	7	8	6	2	1	9

21

8	1	7	3	6	4	9	5	2
3	5	6	9	1	2	8	4	7
2	4	9	7	5	8	1	3	6
6	9	3	1	8	7	4	2	5
4	8	2	5	9	3	7	6	1
5	7	1	4	2	6	3	9	8
9	3	5	6	7	1	2	8	4
7	2	4	8	3	5	6	1	9
1	6	8	2	4	9	5	7	3

22

3	4	2	1	7	9	5	8	6
7	1	6	8	5	2	3	9	4
5	8	9	6	4	3	1	7	2
9	2	5	3	6	1	8	4	7
4	3	7	5	9	8	2	6	1
1	6	8	4	2	7	9	5	3
6	5	1	2	8	4	7	3	9
8	9	3	7	1	6	4	2	5
2	7	4	9	3	5	6	1	8

23

2	4	3	9	8	6	7	1	5
9	1	8	7	5	4	6	2	3
7	6	5	1	2	3	8	4	9
1	7	9	2	4	8	5	3	6
4	5	6	3	1	9	2	8	7
3	8	2	5	6	7	1	9	4
6	3	7	8	9	1	4	5	2
8	2	4	6	3	5	9	7	1
5	9	1	4	7	2	3	6	8

24

3	6	1	4	5	8	9	7	2
9	4	8	7	3	2	1	6	5
5	7	2	1	6	9	3	8	4
4	1	6	5	2	7	8	3	9
2	8	9	3	4	1	6	5	7
7	5	3	9	8	6	4	2	1
8	9	7	2	1	3	5	4	6
6	2	5	8	9	4	7	1	3
1	3	4	6	7	5	2	9	8

25

8	2	5	9	3	6	1	4	7
3	9	7	4	1	5	8	6	2
1	4	6	7	2	8	9	3	5
2	8	3	1	6	4	5	7	9
9	7	4	2	5	3	6	1	8
6	5	1	8	7	9	4	2	3
7	1	9	5	4	2	3	8	6
4	6	8	3	9	7	2	5	1
5	3	2	6	8	1	7	9	4

26

1	2	5	4	3	9	8	7	6
7	3	4	8	6	1	9	5	2
9	6	8	7	5	2	3	1	4
6	9	1	2	7	4	5	3	8
3	5	2	6	9	8	7	4	1
8	4	7	5	1	3	6	2	9
2	8	9	3	4	7	1	6	5
5	1	3	9	2	6	4	8	7
4	7	6	1	8	5	2	9	3

27

8	6	1	7	4	9	3	2	5
7	3	4	6	2	5	1	9	8
2	9	5	8	1	3	7	6	4
6	7	8	2	9	1	4	5	3
9	4	3	5	6	8	2	1	7
5	1	2	4	3	7	6	8	9
3	5	7	1	8	6	9	4	2
1	2	9	3	5	4	8	7	6
4	8	6	9	7	2	5	3	1

28

2	4	3	9	1	5	6	8	7
9	8	1	4	7	6	2	3	5
7	5	6	2	3	8	1	9	4
4	9	2	7	5	3	8	1	6
5	1	8	6	4	2	9	7	3
6	3	7	1	8	9	5	4	2
3	7	5	8	6	1	4	2	9
1	2	4	5	9	7	3	6	8
8	6	9	3	2	4	7	5	1

29

8	6	2	1	7	9	5	4	3
5	1	9	8	4	3	7	6	2
7	3	4	5	2	6	9	1	8
3	9	1	2	6	8	4	5	7
2	4	7	3	9	5	1	8	6
6	8	5	4	1	7	3	2	9
4	7	6	9	5	2	8	3	1
1	2	8	7	3	4	6	9	5
9	5	3	6	8	1	2	7	4

30

6	8	3	4	1	9	7	2	5
9	7	4	2	5	8	3	1	6
2	1	5	3	7	6	9	8	4
1	4	7	8	6	5	2	3	9
5	3	2	7	9	4	8	6	1
8	9	6	1	3	2	4	5	7
3	2	1	5	4	7	6	9	8
4	6	8	9	2	1	5	7	3
7	5	9	6	8	3	1	4	2

31

4	8	1	5	6	7	9	3	2
3	7	6	2	9	4	1	5	8
5	9	2	1	8	3	4	6	7
8	4	3	7	5	2	6	9	1
9	6	7	8	4	1	5	2	3
1	2	5	6	3	9	8	7	4
7	1	4	9	2	5	3	8	6
6	3	9	4	7	8	2	1	5
2	5	8	3	1	6	7	4	9

32

1	6	9	5	2	7	4	3	8
2	3	7	8	4	6	1	5	9
8	5	4	1	9	3	6	2	7
3	9	6	7	5	8	2	4	1
7	4	2	9	6	1	5	8	3
5	1	8	2	3	4	9	7	6
9	8	5	3	1	2	7	6	4
6	7	1	4	8	5	3	9	2
4	2	3	6	7	9	8	1	5

33

9	7	5	6	8	4	1	3	2
6	4	3	5	2	1	7	8	9
1	2	8	3	7	9	5	4	6
4	6	1	7	9	5	8	2	3
2	8	7	1	4	3	9	6	5
5	3	9	2	6	8	4	1	7
8	9	2	4	3	7	6	5	1
7	5	6	8	1	2	3	9	4
3	1	4	9	5	6	2	7	8

34

7	3	1	5	6	2	9	4	8
9	6	5	8	7	4	2	3	1
2	8	4	3	9	1	5	6	7
8	5	6	7	1	3	4	9	2
1	4	2	9	8	5	6	7	3
3	7	9	2	4	6	8	1	5
5	9	8	6	3	7	1	2	4
4	2	3	1	5	9	7	8	6
6	1	7	4	2	8	3	5	9

35

8	9	5	2	3	4	6	7	1
2	6	3	1	7	9	8	5	4
1	4	7	6	8	5	9	2	3
6	1	2	8	9	3	5	4	7
9	7	4	5	6	2	3	1	8
5	3	8	7	4	1	2	9	6
4	5	1	3	2	6	7	8	9
3	8	9	4	5	7	1	6	2
7	2	6	9	1	8	4	3	5

36

8	6	2	3	1	9	5	7	4
9	5	3	7	6	4	8	2	1
4	1	7	8	2	5	6	9	3
5	4	9	6	3	8	2	1	7
6	7	1	5	9	2	3	4	8
2	3	8	1	4	7	9	6	5
3	8	6	2	7	1	4	5	9
7	9	5	4	8	6	1	3	2
1	2	4	9	5	3	7	8	6

37

2	7	6	8	3	4	1	9	5
8	4	5	1	6	9	2	3	7
1	9	3	7	2	5	4	8	6
4	5	9	6	8	7	3	1	2
3	6	1	5	4	2	9	7	8
7	2	8	3	9	1	6	5	4
6	8	7	2	1	3	5	4	9
5	1	4	9	7	6	8	2	3
9	3	2	4	5	8	7	6	1

38

8	3	7	1	9	6	5	4	2
6	2	1	5	4	3	9	8	7
5	9	4	7	2	8	3	1	6
4	7	5	2	6	1	8	9	3
3	6	8	9	7	5	4	2	1
9	1	2	3	8	4	7	6	5
2	4	6	8	3	7	1	5	9
7	5	9	4	1	2	6	3	8
1	8	3	6	5	9	2	7	4

39

5	1	9	7	4	6	3	8	2
6	4	2	8	9	3	7	1	5
8	3	7	2	1	5	9	6	4
1	9	4	5	3	7	8	2	6
2	7	6	1	8	9	5	4	3
3	8	5	4	6	2	1	7	9
4	2	8	9	5	1	6	3	7
7	5	3	6	2	8	4	9	1
9	6	1	3	7	4	2	5	8

40

6	2	7	4	3	8	9	5	1
9	8	3	5	1	6	4	2	7
4	1	5	7	2	9	3	8	6
7	5	4	3	9	1	8	6	2
2	6	9	8	4	5	1	7	3
1	3	8	2	6	7	5	9	4
3	9	1	6	8	2	7	4	5
5	4	2	9	7	3	6	1	8
8	7	6	1	5	4	2	3	9

41

4	3	6	5	9	7	1	2	8
8	5	7	1	2	4	9	6	3
9	2	1	3	8	6	4	5	7
5	8	9	4	6	2	3	7	1
3	1	2	8	7	5	6	9	4
7	6	4	9	3	1	2	8	5
6	4	5	7	1	9	8	3	2
2	7	8	6	4	3	5	1	9
1	9	3	2	5	8	7	4	6

42

7	3	1	9	6	8	4	5	2
8	4	9	5	3	2	7	1	6
2	6	5	7	1	4	3	8	9
1	9	7	6	2	5	8	3	4
4	2	8	3	9	7	1	6	5
3	5	6	4	8	1	9	2	7
5	8	4	2	7	3	6	9	1
6	1	2	8	4	9	5	7	3
9	7	3	1	5	6	2	4	8

43

2	1	5	6	3	7	8	9	4
7	3	9	4	8	5	1	6	2
8	4	6	1	2	9	5	3	7
3	7	8	2	5	1	6	4	9
4	6	1	3	9	8	2	7	5
5	9	2	7	6	4	3	8	1
1	5	7	8	4	6	9	2	3
9	8	3	5	7	2	4	1	6
6	2	4	9	1	3	7	5	8

44

7	4	1	6	8	9	2	3	5
2	6	9	3	5	7	4	8	1
8	5	3	4	2	1	9	7	6
4	3	5	2	9	6	7	1	8
9	1	7	8	4	3	6	5	2
6	2	8	7	1	5	3	4	9
5	9	2	1	7	4	8	6	3
3	8	4	5	6	2	1	9	7
1	7	6	9	3	8	5	2	4

45

1	4	3	7	9	6	5	8	2
2	6	9	5	8	1	4	3	7
7	8	5	3	4	2	6	1	9
4	1	2	6	7	5	3	9	8
8	9	6	4	1	3	2	7	5
3	5	7	9	2	8	1	4	6
5	7	4	2	3	9	8	6	1
6	3	1	8	5	7	9	2	4
9	2	8	1	6	4	7	5	3

46

9	5	1	4	7	6	3	2	8
7	4	8	2	1	3	9	5	6
2	3	6	9	8	5	7	1	4
3	6	5	8	2	4	1	9	7
1	8	9	6	3	7	5	4	2
4	7	2	1	5	9	8	6	3
6	9	3	5	4	8	2	7	1
5	1	7	3	6	2	4	8	9
8	2	4	7	9	1	6	3	5

47

6	4	2	3	9	1	7	5	8
3	1	8	7	2	5	6	9	4
7	5	9	4	6	8	1	3	2
1	8	5	2	3	4	9	7	6
9	2	7	8	1	6	5	4	3
4	6	3	9	5	7	2	8	1
8	7	1	5	4	2	3	6	9
5	9	6	1	8	3	4	2	7
2	3	4	6	7	9	8	1	5

48

8	6	4	2	5	9	3	1	7
3	5	2	8	1	7	6	9	4
9	7	1	4	6	3	2	8	5
5	3	9	7	8	4	1	6	2
6	1	7	5	3	2	8	4	9
2	4	8	1	9	6	5	7	3
7	2	3	6	4	8	9	5	1
1	9	6	3	7	5	4	2	8
4	8	5	9	2	1	7	3	6

49

3	2	8	6	9	4	7	1	5
5	4	9	7	1	3	2	8	6
6	1	7	8	2	5	4	3	9
2	3	5	4	6	7	8	9	1
1	9	4	2	3	8	5	6	7
8	7	6	9	5	1	3	2	4
4	8	3	1	7	6	9	5	2
9	5	1	3	4	2	6	7	8
7	6	2	5	8	9	1	4	3

50

2	1	6	8	4	3	5	7	9
8	3	7	9	6	5	4	1	2
9	5	4	1	2	7	8	6	3
4	6	9	7	3	2	1	8	5
1	2	8	4	5	9	7	3	6
3	7	5	6	8	1	9	2	4
5	4	2	3	7	8	6	9	1
6	8	1	2	9	4	3	5	7
7	9	3	5	1	6	2	4	8

51

3	7	1	6	5	8	4	9	2
9	6	8	2	4	3	1	7	5
5	4	2	7	9	1	6	8	3
7	2	4	9	8	6	5	3	1
8	1	3	5	7	2	9	6	4
6	9	5	3	1	4	8	2	7
4	8	9	1	3	7	2	5	6
2	5	7	4	6	9	3	1	8
1	3	6	8	2	5	7	4	9

52

2	6	7	3	8	9	5	1	4
9	1	3	6	4	5	2	8	7
4	8	5	1	2	7	6	9	3
8	2	4	5	9	1	7	3	6
1	7	6	4	3	8	9	5	2
3	5	9	2	7	6	8	4	1
6	3	2	8	5	4	1	7	9
5	9	1	7	6	3	4	2	8
7	4	8	9	1	2	3	6	5

53

3	6	5	7	9	2	4	8	1
1	9	7	8	4	3	6	2	5
2	4	8	1	5	6	7	9	3
9	5	6	4	2	8	3	1	7
8	7	1	5	3	9	2	4	6
4	2	3	6	1	7	8	5	9
5	3	9	2	6	4	1	7	8
7	1	4	3	8	5	9	6	2
6	8	2	9	7	1	5	3	4

54

6	4	9	8	7	5	1	3	2
5	2	8	1	4	3	9	7	6
3	7	1	6	9	2	5	8	4
9	8	6	7	3	1	4	2	5
2	3	5	4	8	6	7	1	9
4	1	7	2	5	9	3	6	8
7	9	3	5	2	8	6	4	1
8	6	4	9	1	7	2	5	3
1	5	2	3	6	4	8	9	7

55

9	1	3	5	4	7	2	6	8
4	2	7	6	8	1	5	3	9
6	5	8	9	3	2	4	7	1
5	9	6	4	2	8	7	1	3
2	3	1	7	5	6	8	9	4
7	8	4	3	1	9	6	2	5
1	7	9	8	6	5	3	4	2
8	4	2	1	7	3	9	5	6
3	6	5	2	9	4	1	8	7

56

3	5	8	2	4	7	6	9	1
6	4	2	3	9	1	5	7	8
7	1	9	8	5	6	2	3	4
4	6	7	1	3	8	9	5	2
5	9	1	4	6	2	3	8	7
2	8	3	9	7	5	4	1	6
1	2	6	5	8	3	7	4	9
9	7	5	6	1	4	8	2	3
8	3	4	7	2	9	1	6	5

57

9	6	5	4	8	3	7	1	2
3	8	1	2	7	5	6	4	9
7	2	4	6	9	1	5	8	3
8	3	7	9	5	6	4	2	1
2	4	6	8	1	7	9	3	5
5	1	9	3	4	2	8	7	6
4	9	2	1	6	8	3	5	7
6	5	3	7	2	4	1	9	8
1	7	8	5	3	9	2	6	4

58

3	2	6	5	9	8	1	4	7
7	8	9	3	4	1	2	5	6
5	1	4	2	7	6	9	8	3
8	6	2	4	1	5	3	7	9
4	9	7	8	6	3	5	1	2
1	5	3	9	2	7	4	6	8
2	4	5	7	8	9	6	3	1
6	3	8	1	5	2	7	9	4
9	7	1	6	3	4	8	2	5

59

8	9	4	5	3	6	1	2	7
6	3	1	2	7	4	5	8	9
7	2	5	9	8	1	3	6	4
2	5	9	3	1	7	6	4	8
4	1	8	6	5	2	7	9	3
3	6	7	8	4	9	2	1	5
5	8	2	1	9	3	4	7	6
9	4	6	7	2	5	8	3	1
1	7	3	4	6	8	9	5	2

60

4	1	6	5	3	8	7	2	9
3	5	9	2	6	7	4	1	8
2	7	8	4	9	1	3	6	5
7	8	1	9	2	5	6	4	3
6	9	4	8	7	3	1	5	2
5	3	2	6	1	4	9	8	7
8	4	7	1	5	9	2	3	6
1	6	3	7	8	2	5	9	4
9	2	5	3	4	6	8	7	1

61

8	6	7	4	9	2	3	5	1
2	9	1	7	5	3	8	4	6
3	5	4	8	1	6	9	2	7
9	1	5	2	6	7	4	3	8
4	7	3	9	8	1	5	6	2
6	8	2	5	3	4	7	1	9
1	3	9	6	7	5	2	8	4
5	4	8	1	2	9	6	7	3
7	2	6	3	4	8	1	9	5

62

8	1	6	2	7	3	5	9	4
7	2	4	9	6	5	8	1	3
9	5	3	8	4	1	7	6	2
5	3	1	4	9	2	6	8	7
6	4	8	3	5	7	1	2	9
2	7	9	6	1	8	4	3	5
4	9	2	7	8	6	3	5	1
3	8	5	1	2	4	9	7	6
1	6	7	5	3	9	2	4	8

63

1	7	3	5	9	2	4	8	6
2	9	6	3	8	4	1	5	7
4	8	5	1	6	7	9	2	3
7	1	2	8	4	5	3	6	9
9	6	8	2	7	3	5	4	1
5	3	4	9	1	6	8	7	2
6	4	9	7	3	8	2	1	5
8	5	1	6	2	9	7	3	4
3	2	7	4	5	1	6	9	8

64

3	4	9	8	6	1	2	7	5
8	7	6	2	5	4	1	3	9
2	1	5	7	3	9	6	4	8
4	5	1	9	7	8	3	6	2
9	6	3	5	1	2	7	8	4
7	2	8	3	4	6	5	9	1
1	9	2	6	8	7	4	5	3
6	3	4	1	9	5	8	2	7
5	8	7	4	2	3	9	1	6

65

2	8	9	3	4	7	5	6	1
7	4	1	6	9	5	3	8	2
6	5	3	1	8	2	9	7	4
5	6	2	4	7	1	8	3	9
8	9	4	2	5	3	6	1	7
1	3	7	8	6	9	2	4	5
3	2	5	7	1	6	4	9	8
9	7	8	5	3	4	1	2	6
4	1	6	9	2	8	7	5	3

66

1	6	5	9	4	8	3	2	7
4	9	3	5	2	7	1	8	6
7	2	8	6	1	3	9	5	4
2	7	1	4	3	9	5	6	8
6	5	9	2	8	1	4	7	3
3	8	4	7	5	6	2	1	9
8	1	2	3	7	4	6	9	5
5	4	6	8	9	2	7	3	1
9	3	7	1	6	5	8	4	2

67

3	8	6	7	5	4	1	9	2
4	5	9	1	6	2	8	3	7
1	2	7	9	8	3	4	5	6
2	1	3	5	4	9	7	6	8
8	6	5	3	2	7	9	4	1
9	7	4	8	1	6	5	2	3
7	3	2	4	9	1	6	8	5
6	4	8	2	7	5	3	1	9
5	9	1	6	3	8	2	7	4

68

2	1	3	7	4	6	8	9	5
6	4	5	3	9	8	2	7	1
8	9	7	2	5	1	4	6	3
4	5	9	6	1	3	7	8	2
7	3	8	4	2	5	9	1	6
1	2	6	9	8	7	3	5	4
5	8	4	1	3	9	6	2	7
9	7	2	5	6	4	1	3	8
3	6	1	8	7	2	5	4	9

69

8	6	9	4	7	1	5	3	2
1	5	4	3	2	6	9	7	8
3	7	2	9	5	8	1	6	4
6	1	8	7	9	3	4	2	5
7	4	5	6	8	2	3	9	1
2	9	3	5	1	4	6	8	7
5	2	1	8	6	9	7	4	3
9	3	7	2	4	5	8	1	6
4	8	6	1	3	7	2	5	9

70

1	4	7	9	2	3	8	5	6
8	3	2	1	6	5	7	4	9
9	5	6	4	8	7	1	2	3
5	9	1	2	4	8	3	6	7
3	7	4	6	5	9	2	1	8
6	2	8	3	7	1	4	9	5
2	8	5	7	1	6	9	3	4
4	6	9	8	3	2	5	7	1
7	1	3	5	9	4	6	8	2

71

1	6	7	2	4	8	3	5	9
4	3	8	6	9	5	1	7	2
9	2	5	7	3	1	6	4	8
6	5	2	4	7	3	8	9	1
7	8	1	9	5	2	4	6	3
3	9	4	8	1	6	7	2	5
8	1	6	5	2	7	9	3	4
5	4	3	1	6	9	2	8	7
2	7	9	3	8	4	5	1	6

72

1	7	9	8	4	3	2	6	5
4	8	6	9	5	2	7	1	3
2	5	3	7	1	6	4	8	9
6	3	4	2	9	7	8	5	1
5	2	1	4	6	8	3	9	7
7	9	8	5	3	1	6	4	2
9	4	7	3	8	5	1	2	6
8	6	2	1	7	9	5	3	4
3	1	5	6	2	4	9	7	8

73

9	5	3	4	8	2	7	6	1
1	8	4	6	9	7	5	3	2
2	6	7	5	1	3	8	9	4
6	4	8	9	3	5	1	2	7
3	7	2	1	6	4	9	5	8
5	9	1	2	7	8	3	4	6
7	2	5	3	4	1	6	8	9
8	3	9	7	2	6	4	1	5
4	1	6	8	5	9	2	7	3

74

8	7	3	5	2	9	4	1	6
9	2	6	3	1	4	8	5	7
4	1	5	8	6	7	2	9	3
5	3	4	2	8	6	1	7	9
7	8	9	1	4	5	3	6	2
2	6	1	9	7	3	5	4	8
1	5	8	6	9	2	7	3	4
3	9	7	4	5	8	6	2	1
6	4	2	7	3	1	9	8	5

75

3	5	9	1	4	6	2	8	7
1	6	2	8	7	9	3	4	5
7	8	4	3	2	5	6	9	1
2	4	1	9	5	7	8	3	6
8	7	3	2	6	1	9	5	4
5	9	6	4	3	8	1	7	2
9	1	5	6	8	4	7	2	3
6	2	7	5	9	3	4	1	8
4	3	8	7	1	2	5	6	9

76

1	4	7	2	6	9	8	3	5
2	3	6	8	5	4	9	1	7
8	9	5	3	1	7	6	4	2
3	8	2	1	4	6	5	7	9
4	5	9	7	3	2	1	6	8
7	6	1	5	9	8	3	2	4
6	1	4	9	7	5	2	8	3
5	2	3	4	8	1	7	9	6
9	7	8	6	2	3	4	5	1

77

8	6	4	5	9	3	2	1	7
1	5	3	7	8	2	9	4	6
9	7	2	4	6	1	5	8	3
5	4	6	9	2	7	1	3	8
2	3	1	8	5	4	7	6	9
7	9	8	1	3	6	4	5	2
3	1	7	2	4	8	6	9	5
6	2	9	3	1	5	8	7	4
4	8	5	6	7	9	3	2	1

78

3	4	2	7	1	5	9	6	8
1	7	6	2	8	9	4	3	5
9	8	5	4	3	6	1	7	2
6	5	1	9	2	4	7	8	3
8	9	3	1	6	7	5	2	4
4	2	7	8	5	3	6	1	9
7	6	9	3	4	2	8	5	1
5	3	8	6	9	1	2	4	7
2	1	4	5	7	8	3	9	6

79

8	3	1	6	4	5	7	9	2
6	9	4	7	3	2	8	5	1
2	5	7	1	9	8	3	6	4
9	1	3	5	2	4	6	7	8
4	7	6	3	8	1	5	2	9
5	8	2	9	7	6	1	4	3
7	6	9	4	1	3	2	8	5
1	2	5	8	6	9	4	3	7
3	4	8	2	5	7	9	1	6

80

5	4	7	1	8	2	9	6	3
8	9	2	4	3	6	5	7	1
3	1	6	7	9	5	4	8	2
4	6	1	8	7	9	2	3	5
7	2	5	3	6	1	8	4	9
9	3	8	2	5	4	7	1	6
1	7	3	9	2	8	6	5	4
2	5	4	6	1	7	3	9	8
6	8	9	5	4	3	1	2	7

81

7	1	9	5	2	4	6	8	3
2	6	4	3	1	8	9	5	7
8	5	3	6	7	9	2	1	4
5	4	6	7	3	1	8	9	2
3	9	8	2	4	6	1	7	5
1	2	7	9	8	5	4	3	6
4	7	1	8	5	2	3	6	9
6	3	2	1	9	7	5	4	8
9	8	5	4	6	3	7	2	1

82

2	6	8	7	1	3	9	5	4
4	7	3	9	2	5	6	1	8
1	9	5	8	6	4	3	7	2
5	3	4	2	7	8	1	9	6
9	1	2	4	3	6	5	8	7
7	8	6	1	5	9	2	4	3
8	2	7	6	9	1	4	3	5
3	4	9	5	8	2	7	6	1
6	5	1	3	4	7	8	2	9

83

3	2	7	8	1	6	9	4	5
8	6	4	5	7	9	1	2	3
5	9	1	2	3	4	8	7	6
1	7	5	4	6	3	2	8	9
2	3	8	1	9	5	4	6	7
6	4	9	7	8	2	5	3	1
7	8	2	3	5	1	6	9	4
4	5	6	9	2	7	3	1	8
9	1	3	6	4	8	7	5	2

84

2	9	3	8	6	7	1	4	5
7	6	1	4	5	3	8	2	9
5	4	8	9	2	1	6	7	3
4	8	9	6	1	5	7	3	2
3	1	2	7	8	4	5	9	6
6	7	5	2	3	9	4	1	8
8	2	4	1	9	6	3	5	7
9	3	7	5	4	8	2	6	1
1	5	6	3	7	2	9	8	4

85

4	7	9	5	2	3	1	8	6
3	2	1	8	6	9	5	4	7
6	8	5	7	4	1	2	3	9
8	5	7	2	1	6	3	9	4
9	1	4	3	5	8	6	7	2
2	3	6	4	9	7	8	1	5
5	4	8	1	7	2	9	6	3
7	9	3	6	8	5	4	2	1
1	6	2	9	3	4	7	5	8

86

1	6	7	2	8	5	4	3	9
9	2	5	4	3	1	8	7	6
8	3	4	6	9	7	1	2	5
5	7	1	8	6	4	3	9	2
2	9	8	1	7	3	6	5	4
6	4	3	9	5	2	7	8	1
3	5	9	7	1	6	2	4	8
4	8	6	3	2	9	5	1	7
7	1	2	5	4	8	9	6	3

87

1	2	5	8	4	6	7	9	3
4	7	6	9	3	2	8	5	1
9	8	3	1	5	7	4	6	2
8	1	9	4	7	3	6	2	5
7	5	2	6	8	9	3	1	4
6	3	4	5	2	1	9	7	8
2	6	1	3	9	8	5	4	7
3	4	7	2	6	5	1	8	9
5	9	8	7	1	4	2	3	6

88

8	3	5	2	6	1	9	7	4
2	1	4	5	9	7	8	3	6
7	9	6	4	3	8	2	5	1
5	4	8	9	2	6	3	1	7
1	2	7	3	8	5	4	6	9
9	6	3	7	1	4	5	8	2
3	5	2	6	7	9	1	4	8
4	7	1	8	5	2	6	9	3
6	8	9	1	4	3	7	2	5

89

5	4	9	7	2	1	3	8	6
8	1	2	5	3	6	7	9	4
7	6	3	4	8	9	1	5	2
6	7	5	2	4	8	9	1	3
1	9	4	3	6	7	8	2	5
3	2	8	1	9	5	6	4	7
2	8	6	9	5	3	4	7	1
4	3	7	8	1	2	5	6	9
9	5	1	6	7	4	2	3	8

90

7	6	3	2	1	4	5	9	8
2	4	9	8	3	5	1	6	7
8	5	1	6	7	9	2	3	4
4	9	5	3	2	6	8	7	1
1	3	8	9	4	7	6	2	5
6	7	2	1	5	8	9	4	3
5	1	7	4	9	2	3	8	6
3	2	6	7	8	1	4	5	9
9	8	4	5	6	3	7	1	2

91

9	4	7	1	5	8	2	6	3
2	5	1	9	6	3	4	8	7
8	3	6	7	4	2	1	9	5
1	7	9	6	8	4	5	3	2
5	2	8	3	9	7	6	4	1
4	6	3	5	2	1	9	7	8
3	1	2	4	7	9	8	5	6
6	8	4	2	3	5	7	1	9
7	9	5	8	1	6	3	2	4

92

9	2	7	1	3	5	4	6	8
4	5	3	9	8	6	7	2	1
1	6	8	2	4	7	9	3	5
5	7	2	8	6	1	3	9	4
8	3	4	5	7	9	2	1	6
6	1	9	3	2	4	5	8	7
3	4	6	7	9	8	1	5	2
2	8	1	4	5	3	6	7	9
7	9	5	6	1	2	8	4	3

93

6	1	8	9	2	7	5	3	4
2	9	4	3	8	5	6	1	7
3	5	7	6	4	1	2	8	9
8	4	6	7	5	2	1	9	3
9	2	3	8	1	6	4	7	5
5	7	1	4	3	9	8	6	2
4	3	9	2	6	8	7	5	1
7	6	5	1	9	4	3	2	8
1	8	2	5	7	3	9	4	6

94

7	1	6	3	4	5	2	9	8
3	8	4	1	2	9	5	7	6
2	5	9	7	6	8	1	4	3
9	6	2	4	8	3	7	5	1
1	3	7	2	5	6	9	8	4
5	4	8	9	1	7	6	3	2
6	2	5	8	9	4	3	1	7
4	7	1	5	3	2	8	6	9
8	9	3	6	7	1	4	2	5

95

2	3	7	9	4	8	1	6	5
8	6	9	5	1	3	2	7	4
5	4	1	7	6	2	9	8	3
3	8	2	4	7	5	6	9	1
4	9	6	3	2	1	8	5	7
1	7	5	6	8	9	4	3	2
7	5	4	1	9	6	3	2	8
9	2	3	8	5	4	7	1	6
6	1	8	2	3	7	5	4	9

96

6	1	5	4	8	3	7	2	9
2	3	8	6	7	9	4	5	1
4	9	7	1	2	5	3	6	8
7	8	2	3	5	6	9	1	4
9	4	6	8	1	2	5	3	7
3	5	1	7	9	4	2	8	6
1	7	4	2	3	8	6	9	5
5	6	3	9	4	1	8	7	2
8	2	9	5	6	7	1	4	3

97

8	9	5	4	3	7	1	2	6
4	7	2	6	1	5	9	8	3
1	6	3	8	2	9	4	7	5
2	3	4	5	9	1	7	6	8
6	1	8	2	7	4	3	5	9
9	5	7	3	8	6	2	4	1
3	8	6	1	4	2	5	9	7
5	4	9	7	6	3	8	1	2
7	2	1	9	5	8	6	3	4

98

7	6	4	3	8	2	1	9	5
9	2	8	7	1	5	3	4	6
3	5	1	6	9	4	2	7	8
1	8	9	2	4	7	5	6	3
5	3	7	8	6	9	4	2	1
2	4	6	1	5	3	9	8	7
4	7	2	5	3	6	8	1	9
8	9	5	4	7	1	6	3	2
6	1	3	9	2	8	7	5	4

99

4	3	8	5	9	6	2	7	1
6	7	5	1	2	3	4	8	9
1	9	2	8	7	4	5	6	3
3	6	4	9	8	1	7	5	2
9	5	7	3	4	2	6	1	8
2	8	1	7	6	5	9	3	4
5	4	3	6	1	9	8	2	7
7	2	6	4	3	8	1	9	5
8	1	9	2	5	7	3	4	6

100

8	7	5	9	1	2	6	3	4
2	3	9	7	4	6	8	1	5
4	1	6	3	8	5	7	2	9
3	5	7	4	9	1	2	6	8
9	6	2	8	5	7	1	4	3
1	8	4	6	2	3	5	9	7
6	2	3	5	7	9	4	8	1
5	4	1	2	3	8	9	7	6
7	9	8	1	6	4	3	5	2

101

3	5	2	8	4	6	1	9	7
8	7	4	9	1	5	2	6	3
9	6	1	7	3	2	8	4	5
2	4	3	1	6	9	5	7	8
7	9	8	3	5	4	6	1	2
5	1	6	2	7	8	9	3	4
1	8	7	5	9	3	4	2	6
6	2	9	4	8	7	3	5	1
4	3	5	6	2	1	7	8	9

102

4	6	5	3	7	1	2	9	8
2	1	7	4	8	9	5	6	3
3	9	8	6	2	5	4	7	1
8	7	2	1	5	4	6	3	9
9	3	4	7	6	2	1	8	5
1	5	6	8	9	3	7	4	2
6	8	3	2	1	7	9	5	4
5	4	1	9	3	6	8	2	7
7	2	9	5	4	8	3	1	6

103

6	2	1	8	9	5	7	3	4
7	5	9	3	4	6	8	2	1
8	4	3	1	2	7	9	5	6
2	6	7	5	8	3	4	1	9
4	9	5	2	6	1	3	7	8
1	3	8	9	7	4	5	6	2
3	8	2	7	1	9	6	4	5
5	1	6	4	3	8	2	9	7
9	7	4	6	5	2	1	8	3

104

3	4	1	2	9	7	8	6	5
5	2	7	8	3	6	4	9	1
9	8	6	1	4	5	7	2	3
6	7	5	3	2	1	9	8	4
8	9	3	5	7	4	6	1	2
2	1	4	9	6	8	3	5	7
4	6	9	7	5	2	1	3	8
1	3	2	4	8	9	5	7	6
7	5	8	6	1	3	2	4	9

105

7	3	1	5	4	8	9	2	6
5	8	2	6	1	9	4	3	7
6	9	4	3	7	2	5	1	8
4	1	6	2	8	7	3	5	9
3	7	5	4	9	6	2	8	1
8	2	9	1	5	3	6	7	4
2	6	8	9	3	1	7	4	5
9	4	7	8	2	5	1	6	3
1	5	3	7	6	4	8	9	2

106

9	5	4	2	3	8	1	6	7
2	7	3	5	1	6	8	9	4
1	8	6	9	4	7	5	3	2
8	3	7	6	5	9	4	2	1
6	4	1	3	7	2	9	8	5
5	2	9	1	8	4	6	7	3
7	6	2	4	9	5	3	1	8
4	1	8	7	6	3	2	5	9
3	9	5	8	2	1	7	4	6

107

8	2	3	1	7	5	4	9	6
4	7	1	6	8	9	5	2	3
5	6	9	2	4	3	1	7	8
3	9	5	4	6	1	7	8	2
2	8	4	5	9	7	6	3	1
6	1	7	8	3	2	9	4	5
7	3	8	9	5	6	2	1	4
1	4	6	7	2	8	3	5	9
9	5	2	3	1	4	8	6	7

108

2	4	1	8	5	3	7	6	9
5	8	6	7	9	1	3	4	2
9	7	3	6	4	2	5	1	8
3	1	9	2	6	8	4	5	7
4	2	5	9	3	7	6	8	1
8	6	7	4	1	5	9	2	3
1	5	4	3	2	9	8	7	6
6	9	8	1	7	4	2	3	5
7	3	2	5	8	6	1	9	4

109

6	2	8	1	9	3	4	5	7
4	9	1	7	5	6	8	2	3
3	5	7	4	8	2	6	1	9
5	3	6	2	4	1	9	7	8
9	8	2	5	3	7	1	6	4
7	1	4	8	6	9	2	3	5
1	4	5	6	7	8	3	9	2
2	7	3	9	1	4	5	8	6
8	6	9	3	2	5	7	4	1

110

6	9	4	3	8	2	7	1	5
8	3	1	7	4	5	9	2	6
7	5	2	6	1	9	4	3	8
5	2	9	1	7	3	6	8	4
4	1	6	2	5	8	3	7	9
3	8	7	4	9	6	2	5	1
9	4	8	5	2	7	1	6	3
1	7	3	8	6	4	5	9	2
2	6	5	9	3	1	8	4	7

D	1	F	8	2	A	7	C	5	B	3	9	6	4	E	0
C	B	0	6	9	D	1	4	7	E	F	A	5	3	2	8
3	2	7	5	0	8	B	E	C	D	6	4	F	1	A	9
4	E	A	9	6	5	3	F	1	8	0	2	7	B	D	C
5	4	E	0	F	3	C	A	6	2	B	8	D	7	9	1
1	3	6	A	E	0	9	2	D	7	4	5	8	C	F	B
B	D	9	C	8	7	4	5	E	3	1	F	2	A	0	6
8	F	2	7	D	B	6	1	0	A	9	C	E	5	4	3
0	9	1	D	4	6	5	3	B	F	2	E	A	8	C	7
A	5	B	2	7	9	E	0	8	6	C	3	4	D	1	F
7	C	3	4	B	F	2	8	A	1	5	D	0	9	6	E
E	6	8	F	1	C	A	D	9	4	7	0	B	2	3	5
9	A	5	E	3	1	F	B	2	0	D	7	C	6	8	4
6	7	4	B	A	E	D	9	F	C	8	1	3	0	5	2
F	0	C	3	5	2	8	7	4	9	A	6	1	E	B	D
2	8	D	1	C	4	0	6	3	5	E	B	9	F	7	A

F	A	0	4	7	D	B	5	9	6	1	2	C	E	3	8
3	E	B	1	9	8	2	0	C	4	D	A	5	F	6	7
5	6	C	8	A	1	F	3	0	E	B	7	4	D	9	2
9	D	7	2	6	C	4	E	8	F	3	5	1	B	A	0
A	9	8	B	1	E	C	D	3	7	2	F	6	0	5	4
2	3	E	C	5	0	9	B	6	D	4	8	A	1	7	F
4	0	D	7	8	F	6	A	1	B	5	C	9	3	2	E
6	F	1	5	3	4	7	2	A	9	0	E	8	C	B	D
C	1	A	F	2	3	8	9	D	0	E	6	7	5	4	B
7	5	9	3	D	6	0	4	2	A	F	B	E	8	1	C
E	8	4	0	B	A	5	F	7	3	C	1	2	9	D	6
B	2	6	D	E	7	1	C	5	8	9	4	0	A	F	3
8	7	3	6	F	B	E	1	4	5	A	0	D	2	C	9
D	4	F	A	C	5	3	8	E	2	6	9	B	7	0	1
0	C	5	9	4	2	D	7	B	1	8	3	F	6	E	A
1	B	2	E	0	9	A	6	F	C	7	D	3	4	8	5

113

2	D	E	3	9	B	C	5	F	7	A	8	4	1	0	6
C	1	8	4	E	3	6	A	0	B	5	2	F	7	9	D
0	6	7	B	D	1	F	2	3	9	E	4	5	C	8	A
9	5	F	A	0	7	8	4	D	C	6	1	B	2	E	3
E	A	0	1	4	5	2	C	7	D	8	3	9	6	F	B
7	4	9	F	8	D	3	B	C	E	0	6	A	5	1	2
8	C	3	5	F	E	1	6	A	2	9	B	0	4	D	7
6	2	B	D	A	9	0	7	5	1	4	F	E	8	3	C
F	E	D	8	2	6	B	9	1	0	3	7	C	A	4	5
A	B	C	6	1	F	7	0	4	8	D	5	3	E	2	9
4	0	5	7	3	A	E	8	9	6	2	C	D	F	B	1
3	9	1	2	C	4	5	D	B	A	F	E	6	0	7	8
5	F	6	E	B	2	D	3	8	4	1	A	7	9	C	0
D	8	A	9	7	C	4	1	6	F	B	0	2	3	5	E
B	7	2	0	5	8	A	F	E	3	C	9	1	D	6	4
1	3	4	C	6	0	9	E	2	5	7	D	8	B	A	F

114

C	F	A	2	4	6	3	7	8	1	E	B	5	D	0	9
D	9	5	1	B	C	0	2	4	F	A	3	E	8	7	6
6	3	0	E	F	1	8	D	7	5	9	C	A	B	2	4
B	4	7	8	E	9	5	A	D	6	2	0	1	3	F	C
E	0	1	D	6	A	C	3	F	2	7	8	B	4	9	5
3	C	F	7	5	4	1	0	E	B	6	9	D	2	A	8
9	6	8	A	D	7	2	B	5	3	4	1	0	E	C	F
4	5	2	B	8	F	9	E	0	A	C	D	3	7	6	1
5	8	D	C	2	B	7	1	9	0	F	A	4	6	E	3
A	B	E	0	3	8	F	6	2	7	1	4	C	9	5	D
F	1	4	9	0	D	E	C	3	8	5	6	2	A	B	7
7	2	3	6	9	5	A	4	B	C	D	E	8	F	1	0
8	7	B	5	C	E	6	9	1	D	3	2	F	0	4	A
0	D	6	3	A	2	4	F	C	9	B	5	7	1	8	E
1	A	C	4	7	3	B	8	6	E	0	F	9	5	D	2
2	E	9	F	1	0	D	5	A	4	8	7	6	C	3	B

F	I	E	3	B	2	5	7	D	A	4	0	6	9	C	8
6	C	9	0	A	F	8	3	E	5	B	I	4	D	2	7
2	5	8	D	I	0	4	6	C	F	7	9	A	E	B	3
A	B	7	4	D	C	9	E	3	8	6	2	5	0	F	I
D	8	0	6	2	E	F	5	7	4	I	3	B	A	9	C
C	2	4	E	6	7	3	A	B	0	9	5	D	8	I	F
B	9	3	A	4	I	C	D	F	6	8	E	7	5	0	2
5	F	I	7	9	B	0	8	2	C	D	A	3	6	4	E
E	A	D	8	5	4	I	2	0	B	3	7	C	F	6	9
9	4	6	F	3	A	7	0	I	E	C	8	2	B	5	D
7	3	5	2	C	9	E	B	6	D	A	F	I	4	8	0
I	0	B	C	8	6	D	F	9	2	5	4	E	3	7	A
4	7	A	9	F	D	2	C	5	3	0	6	8	I	E	B
3	D	C	I	0	8	6	9	4	7	E	B	F	2	A	5
8	6	2	5	E	3	B	I	A	9	F	C	0	7	D	4
0	E	F	B	7	5	A	4	8	I	2	D	9	C	3	6

8	5	E	D	6	F	B	7	4	C	9	0	A	I	2	3
0	A	6	B	I	9	C	8	3	2	F	E	7	4	5	D
I	9	3	F	4	D	2	E	A	8	7	5	B	6	0	C
4	7	2	C	A	0	5	3	B	I	6	D	F	E	8	9
7	0	C	A	F	2	I	4	9	5	D	3	8	B	E	6
2	D	I	3	E	C	A	B	8	6	4	7	0	5	9	F
6	F	4	5	D	8	9	0	2	A	E	B	C	3	7	I
E	8	B	9	3	7	6	5	F	0	I	C	2	A	D	4
D	4	9	2	B	E	F	6	I	7	0	8	5	C	3	A
F	C	8	7	5	4	3	2	D	E	A	9	I	0	6	B
B	I	5	0	8	A	D	9	C	F	3	6	E	2	4	7
3	6	A	E	0	I	7	C	5	4	B	2	9	D	F	8
5	B	D	8	7	6	4	I	0	9	2	A	3	F	C	E
9	3	7	6	C	B	0	A	E	D	5	F	4	8	I	2
C	2	0	4	9	3	E	F	6	B	8	I	D	7	A	5
A	E	F	I	2	5	8	D	7	3	C	4	6	9	B	0

117

3	C	8	0	5	6	7	E	D	B	9	A	F	4	1	2
2	9	E	5	4	C	B	A	1	7	0	F	3	D	8	6
B	4	7	1	D	0	8	F	2	6	3	C	9	5	A	E
6	D	A	F	2	1	9	3	E	5	8	4	C	0	B	7
9	6	2	A	7	D	F	4	B	8	1	3	0	E	5	C
7	5	3	D	8	9	C	B	F	0	E	2	6	1	4	A
C	0	B	E	1	3	6	5	7	4	A	9	8	2	D	F
8	F	1	4	0	E	A	2	C	D	6	5	B	3	7	9
5	1	0	2	9	A	4	6	3	E	F	D	7	8	C	B
4	E	9	3	C	B	2	8	A	1	5	7	D	F	6	0
A	7	6	C	3	F	D	1	8	2	B	0	5	9	E	4
D	8	F	B	E	5	0	7	4	9	C	6	1	A	2	3
1	B	5	6	A	2	E	9	0	3	7	8	4	C	F	D
E	3	C	8	6	4	5	D	9	F	2	B	A	7	0	1
0	2	4	7	F	8	3	C	6	A	D	1	E	B	9	5
F	A	D	9	B	7	1	0	5	C	4	E	2	6	3	8

118

E	0	9	7	D	8	F	5	1	2	C	A	B	4	3	6
4	2	F	8	6	C	1	7	B	3	D	9	E	0	5	A
D	C	A	5	E	B	3	2	F	0	6	4	1	7	9	8
B	1	6	3	0	4	9	A	7	E	5	8	2	D	F	C
7	D	8	9	4	1	5	B	A	F	2	3	6	E	C	0
1	6	2	4	8	9	E	F	0	D	7	C	A	3	B	5
0	A	5	B	2	3	7	C	E	9	4	6	8	F	1	D
C	E	3	F	A	0	D	6	8	5	B	1	4	9	7	2
6	9	B	C	1	D	A	0	4	7	3	E	5	2	8	F
2	4	E	A	F	7	C	8	D	1	0	5	9	B	6	3
5	3	7	1	9	2	6	4	C	B	8	F	0	A	D	E
8	F	D	0	5	E	B	3	9	6	A	2	C	1	4	7
9	5	1	E	C	A	8	D	2	4	F	7	3	6	0	B
A	B	C	D	3	F	2	9	6	8	1	0	7	5	E	4
F	8	4	6	7	5	0	E	3	A	9	B	D	C	2	1
3	7	0	2	B	6	4	1	5	C	E	D	F	8	A	9

1	4	7	3	2	B	8	D	C	6	5	E	9	A	F	0
D	B	E	C	0	4	9	5	A	2	3	F	6	8	1	7
0	9	A	6	7	3	F	E	D	1	4	8	5	C	B	2
8	F	2	5	6	A	C	1	B	9	0	7	4	E	3	D
2	C	0	4	B	E	3	A	9	8	D	6	F	5	7	1
9	3	D	E	1	5	0	C	F	4	7	A	8	B	2	6
F	6	5	A	4	8	7	2	1	3	B	C	E	D	0	9
7	1	8	B	D	F	6	9	5	E	2	0	A	3	4	C
E	5	4	F	C	2	1	8	3	B	6	D	7	0	9	A
6	D	1	0	A	7	5	F	8	C	9	2	3	4	E	B
C	A	9	7	E	6	B	3	0	F	1	4	D	2	5	8
3	8	B	2	9	D	4	0	E	7	A	5	C	1	6	F
5	0	3	1	F	9	A	6	4	D	C	B	2	7	8	E
4	7	6	D	8	C	E	B	2	5	F	1	0	9	A	3
A	2	F	8	3	1	D	4	7	0	E	9	B	6	C	5
B	E	C	9	5	0	2	7	6	A	8	3	1	F	D	4

If you have enjoyed these puzzles,
please visit the Insitute of Sudoku website at
www.sudokuinstitute.org for more.